À l'école de danse

Premières lectures

*** Je commence à lire tout seul.**
Une vraie intrigue, en peu de mots, pour accompagner les balbutiements en lecture.

**** Je lis tout seul.**
Une intrigue découpée en chapitres pour pouvoir faire des pauses dans un texte plus long.

***** Je suis fier de lire.**
De vrais petits romans, nourris de vocabulaire et de structures langagières plus élaborées.

Pour Madame Champion qui m'a fait, la première, danser dans la Salle des Cygnes.

SdM

La maman de **Sylvie de Mathuisieulx** lui avait confectionné le plus beau des sacs pour transporter justaucorps, jambières, chaussons, pointes et demi-pointes...

Entre deux coups de pinceau, **Virginie Chiodo** a pratiqué la danse. Depuis, elle fait danser les couleurs et les formes pour embarquer les petites danseuses dans des pirouettes enivrantes qui sont autant de voyages inoubliables.

Responsable de la collection :
Anne-Sophie Dreyfus
Direction artistique, création graphique et réalisation : DOUBLE, Paris

ISBN : 978-2-218-97786-2
ISSN : 2100-2843

Achevé d'imprimer par Clerc à Saint-Amand-Montrond - France
Dépôt légal : n°97786-2/02 - janvier 2015

Lucie
petite danseuse

À l'école de danse

écrit par Sylvie de Mathuisieulx
illustré par Virginie Chiodo

HATIER
POCHE

TS

1
Une incroyable rencontre

Ce matin, on fait les courses avec Maman. Le chariot pèse trop lourd, on a du mal à le pousser. Tout à coup, *paf!* une autre cliente nous bouscule.

Maman rouspète :
« Dites, vous ne pouvez pas faire att... »
Elle ne finit pas sa phrase.
Elle ouvre des yeux ronds
et s'exclame :
« Sonia ?!? »

L'instant d'après, elle l'embrasse en riant.
Comme cette dame est belle, avec son chignon!

Moi, Lucie, j'ai la bouche ouverte, un vrai poisson hors de l'eau. J'ai devant moi Sonia Tyl, la célèbre danseuse étoile, mon idole secrète. Et, par tous les rats de l'opéra, c'est une ancienne copine de classe de ma mère !

En vérité, je rêve d'entrechats et de pirouettes depuis toujours. Je n'ose pas en parler à la maison. Mon grand frère Théo se ficherait de moi...

Grande nouvelle : Sonia Tyl va ouvrir une académie de danse près de chez nous ! Une audition a lieu dans deux semaines.
Je veux à tout prix me présenter. Maman est d'accord. Elle a promis de me soutenir.

J'aimerais tant être prise, malgré le vilain trou entre mes dents de devant! Ça sera peut-être arrangé, si je porte enfin mon appareil d'ici là?

2
Bientôt le grand jour

Les jours suivants, je pense à l'audition matin, midi et soir. Maman m'a acheté un livre sur la danse. Avec des photos. J'apprends les cinq positions des pieds et des bras. Je les révise tout le temps.

En rêve, la nuit, je salue gracieusement mon public. Je suis seule sur scène. Des milliers d’admirateurs pleurent d’émotion. Ils lancent des tonnes de fleurs à mes pieds.

Mais en classe, j'ai des problèmes.
Je réponds « tutu », si la maîtresse demande la deuxième personne du singulier.
Je dois lire à haute voix ?
Je confonds « danse » et « chance ».
Ou alors, je dis « chaussons » au lieu de « chansons ».

Je voudrais tant être choisie !
Je surveille mes dents. Elles ne sont toujours pas alignées.
Le grand jour arrive enfin.
Les candidates de mon âge sont réunies dans une grande salle.
Il y a du parquet par terre.
Un miroir recouvre l'un des murs, des barres de bois sont fixées le long des trois autres.

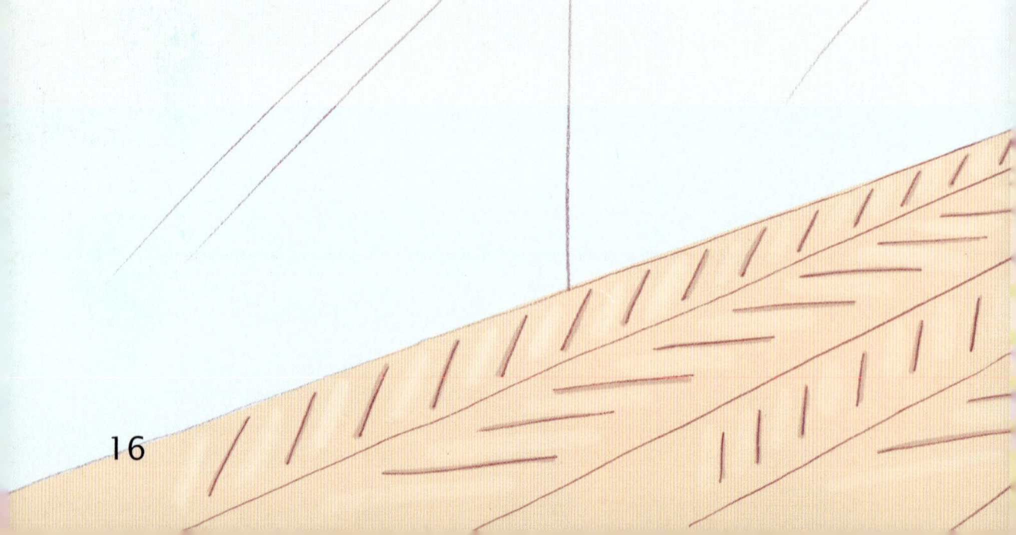

Sonia Tyl nous montre des mouvements à la barre. Nous devons les réaliser dix fois de suite, en suivant le rythme du piano.

Pendant ce temps, elle passe près de nous. Du bout des doigts, elle corrige la position des filles. Elle redresse un menton. Elle arrondit un coude...

3
Un terrible suspens

Nous nous plaçons en lignes, face au miroir. Il faut marcher sur la pointe des pieds, les bras en couronne au-dessus de la tête. Puis nous devons sauter sur place, en faisant des petits bonds rapides.

Une jolie brune grimace, tellement elle s'applique. « Souriez, mesdemoiselles, souriez! » répète le professeur. Je souris, par tous les rats de l'opéra, à en avoir mal aux joues! Mais en gardant la bouche bien fermée.

Je ne sais pas combien de temps cela dure. En tout cas, nous sommes essoufflées.
Le piano s'arrête.
Mon cœur bat à cent à l'heure.

Sonia Tyl s'approche en silence. Elle désigne, l'une après l'autre, plusieurs filles et les envoie se rassembler près du miroir. Elle passe plusieurs fois à côté de moi, mais sans toucher mon épaule.

Sa voix résonne soudain dans la salle.
« Celles qui restent au milieu, vous pouvez vous inscrire. Les cours commenceront la semaine prochaine. »

Alors, je suis prise! La jolie fille brune aussi! Dans le grand miroir, elle m'adresse un drôle de clin d'œil. J'éclate de rire.

Sonia Tyl observe :
« Tiens, Lucie, tu as les dents du bonheur ? Comme moi, à ton âge ! »
Et là, j'aimerais m'envoler pour danser au plafond !

Les conseils de Lucie

J'ai appris les bonnes positions.

Je te conseille de toujours garder :

- *les pieds « en dehors », les pointes tournées vers l'extérieur,*
- *les jambes bien tendues,*
- *les fesses serrées,*
- *le dos droit,*
- *les épaules baissées,*
- *un joli port de tête, comme si un fil invisible partait du haut de ton crâne pour te tirer vers le ciel!*

Première position

Les talons sont joints.

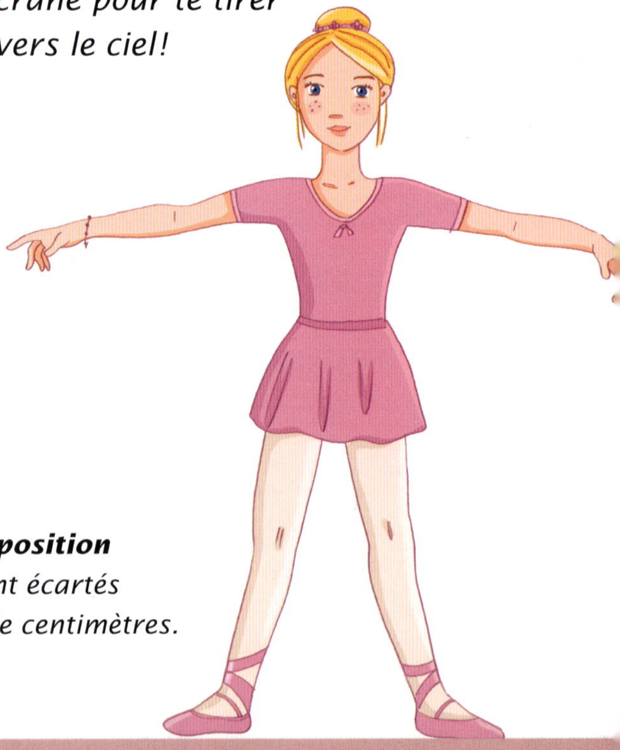

Deuxième position

Les pieds sont écartés d'une vingtaine de centimètres.

Quatrième position

Les pieds parallèles sont séparés d'une vingtaine de centimètres.

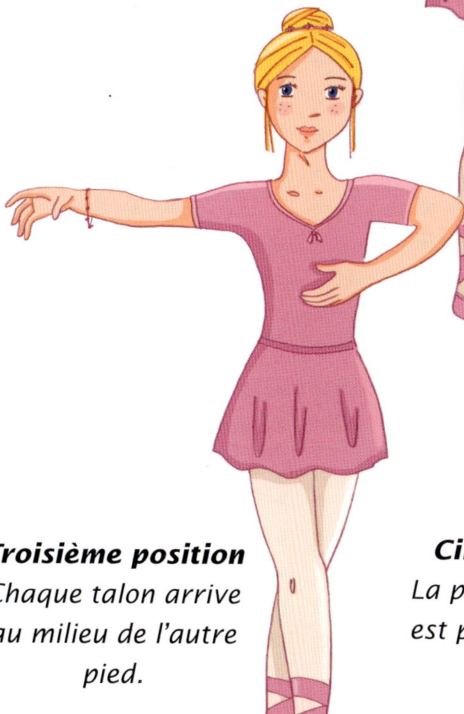

Troisième position

Chaque talon arrive au milieu de l'autre pied.

Cinquième position

La pointe de chaque pied est placée contre le talon de l'autre.